ANALISI DEL LIBRO

La fattoria degli animali

· · · · · · · · · · · · · · · · · ·

George Orwell

ANALISI DEL LIBRO

Scritto da Larissa Duval
Tradotto da Sara Rossi

La fattoria degli animali

GEORGE ORWELL

GEORGE ORWELL

SCRITTORE INGLESE

- **Nato a Motihari (India britannica) nel 1903.**
- **Morto a Londra nel 1950.**
- **Opere degne di nota**:
  - *Omaggio alla Catalogna* (1938), saggistica
  - *La fattoria degli animali* (1945), romanzo
  - *1984* (1949), romanzo

George Orwell (vero nome Eric Arthur Blair) è stato uno scrittore inglese nato a Motihari (India britannica) nel 1903. Dopo aver studiato in Inghilterra, tornò in India e si arruolò nella polizia imperiale in Birmania. Si dimette nel 1928 e decide di diventare scrittore. Trascorre quindi diversi anni alla deriva da Parigi a Londra, dove vive accanto ad alcuni dei membri più poveri della società (*Down and Out in Paris and London*, 1933). In seguito, svolge diversi lavori (libraio, insegnante, editorialista) prima di arruolarsi nella guerra civile spagnola contro il fascismo (*Omaggio alla Catalogna*, 1938).

Durante la Seconda guerra mondiale si dedicò al giornalismo e scrisse alcuni dei suoi romanzi più famosi, tra cui *La fattoria degli animali* (1945) e *1984* (1949). Orwell morì di tubercolosi a Londra nel 1950.

LA FATTORIA DEGLI ANIMALI

UNA CRITICA DEL POTERE POLITICO

- **Genere**: romanzo allegorico
- **Edizione di riferimento**: Orwell, G. (1993) *La fattoria degli animali*. Londra: Everyman.
- **1ª edizione**: 1945
- **Temi**: utopia, comunismo, totalitarismo, uguaglianza, potere

La fattoria degli animali, pubblicato nel 1945, è un romanzo allegorico che racconta la storia di un gruppo di animali da fattoria che rovesciano i loro padroni e bandiscono tutti gli umani dalla loro nuova terra.

Il testo è in realtà una critica allo stalinismo e, più in generale, al totalitarismo, attraverso i personaggi dei maiali che si fanno beffe dei principi egualitari messi in atto durante la rivolta contro gli umani, e che gradualmente installano un sistema di oppressione e sfruttamento di cui gli altri animali soffrono.

Il romanzo è oggi estremamente famoso ed è considerato uno dei classici della letteratura inglese.

SINTESI

RIVOLUZIONE

Una volta che il signor Jones, il proprietario di Manor Farm, è andato a letto, gli animali della fattoria si riuniscono nel fienile per ascoltare il Vecchio Maggiore, l'anziano dei maiali, che sostiene di essere il più intelligente di tutti gli animali. Egli invita i suoi fratelli a ribellarsi all'unico animale che consuma senza produrre e sfrutta tutti gli altri: l'uomo. Il profeta-maiale ha persino creato una dottrina delle sue idee: L'Animalismo. Ha fatto un sogno che gli ha ricordato una vecchia canzone che annuncia l'età dell'oro degli animali: *Beasts of England*. Inizia a cantarla e tutti gli altri animali si uniscono con entusiasmo, finché il signor Jones, svegliato dal frastuono, spara un colpo di pistola per spaventare una potenziale volpe. Dopo la morte del Vecchio Maggiore, Napoleone, Palla di Neve e Squealer, tre maiali che hanno imparato a leggere da soli, si mettono a insegnare agli altri animali l'alfabeto e l'Animalismo per gettare le basi della rivoluzione.

Questa iniziativa non tarda a dare i suoi frutti: quando il signor Jones trascura di dare da mangiare agli animali, questi lo cacciano dalla fattoria insieme alla moglie e ai lavoratori. Ormai padroni della fattoria, si affrettano a sbarazzarsi di tutti gli strumenti di oppressione che hanno causato loro tante sofferenze nel corso degli anni e decidono di gestire loro stessi il luogo, ora ribattezzato "Fattoria degli animali". Il giorno dopo, prima di andare a raccogliere il fieno nei campi, i maiali scrivono i Sette Comandamenti dell'Animalismo su uno dei muri:

- Tutto ciò che si muove su due gambe è un nemico.

- Qualsiasi cosa abbia quattro zampe o le ali è un amico.

- Nessun animale deve indossare vestiti.

- Nessun animale può dormire in un letto.

- Nessun animale può bere alcolici.

- Nessun animale può uccidere un altro animale.

- Tutti gli animali sono uguali.

La domenica, i maiali presiedono la riunione e organizzano la vita degli altri. Poiché la maggior parte degli altri animali non sa leggere, Palla di Neve abbrevia i Sette Comandamenti in uno solo: "Quattro zampe bene, due zampe male", che le pecore iniziano a cantare senza sosta. Napoleone rimane in disparte, ma raduna e imprigiona in silenzio nove cuccioli che gli saranno molto utili durante il colpo di stato che sta preparando in segreto. Il tempo passa e i maiali iniziano a concedersi sempre più diritti, sostenendo che, senza di loro, sarebbe impossibile gestire la fattoria.

Gli altri contadini dei dintorni vengono rapidamente a conoscenza della rivolta di Mr Jones e iniziano a diffamare gli animali, perché la canzone rivoluzionaria *Beasts of England* sta facendo il giro della campagna. Il 12 ottobre il signor Jones cerca di riprendersi la sua fattoria con l'aiuto di alcuni scagnozzi. Tuttavia, sotto la guida di Palla di Neve, gli animali riescono a sconfiggerli e, da quel giorno, il 12 ottobre diventa un giorno di commemorazione: Il giorno della battaglia della stalla. Nel frattempo, una bella e pigra cavalla di nome Mollie lascia definitivamente la fattoria dopo essere stata accusata di essersi fatta accarezzare da un umano.

PRENDERE IL POTERE

Arriva gennaio e, in una stagione così difficile per tutti gli animali, la rivalità tra Palla di Neve e Napoleone continua a crescere. Palla di Neve vuole costruire un mulino e dare maggiore importanza alla propaganda, mentre Napoleone la considera una perdita di tempo e insiste sull'importanza di organizzare la difesa della fattoria. Durante una riunione, Napoleone organizza un colpo di stato grazie ai nove segugi che ha allevato in segreto, costringendo Palla di Neve all'esilio e provocando lo scioglimento della riunione. D'ora in poi, a gestire la fattoria è solo un comitato di maiali guidato da Napoleone. Squealer, che ora è il portavoce di Napoleone, inizia a riscrivere la storia: secondo lui, Napoleone aveva sempre voluto costruire un mulino. Trasferitisi nella vecchia casa del signor Jones, i maiali rivedono e poi iniziano a ignorare i Sette Comandamenti, concedendosi nuovi vantaggi mentre Squealer continua a cancellare la memoria degli animali.

Un anno dopo, gli animali lavorano ancora duramente nei campi e nella costruzione del mulino. Quando iniziano a scarseggiare alcune cose provenienti dal mondo esterno, Napoleone annuncia di voler fare affari con le fattorie vicine. Nel mondo esterno, gli altri contadini si stupiscono della stabilità della Fattoria degli animali, che all'inizio avevano preso in giro.

Una notte di novembre, il mulino viene distrutto da una violenta tempesta. Sostenendo che sia opera di Palla di Neve, Napoleone lo condanna a morte. Comincia a diffondersi la voce che il maiale esiliato è tornato alla fattoria. Quando lo scopre, Napoleone incolpa Palla di Neve di tutti i problemi della fattoria e Squealer lo rende il nemico pubblico numero uno. Gli animali si mettono a costruire un mulino più solido, ma quando il cibo comincia a scarseggiare il loro entusiasmo diminuisce. Per stroncare ogni potenziale rivolta, Napoleone si rivolge ai suoi segugi per farsi aiutare a giustiziare pubblicamente alcuni animali accusati di essere traditori. Inoltre, *Beasts of England* è ora vietato perché, secondo Squealer, la rivoluzione è riuscita. Rendendosi conto di essersi allontanati troppo dal loro obiettivo iniziale, Clover, la cavalla, Benjamin, l'asino scettico, e molti altri rinunciano alla rivoluzione.

I lavori quindi proseguono, ma ne beneficiano solo Napoleone, i maiali e i cani. In autunno il mulino viene completato. Tuttavia, contrariamente a quanto si crede, non servirà a migliorare la vita nella fattoria. Napoleone ha fatto un accordo per vendere la legna a un contadino vicino di nome Federico. Ma Frederick lo tradisce e, il giorno dopo, attacca la fattoria con un numero di uomini e armi ancora maggiore di quello portato dal signor Jones. Inizia così la battaglia del mulino a vento. Gli animali escono vincitori, ma subiscono gravi perdite: oltre ai morti e alle vittime, anche il mulino viene distrutto. Nei giorni successivi, i maiali celebrano la loro vittoria con feste e si ubriacano di whisky. Squealer continua a modificare i Sette Comandamenti: "Nessun animale deve bere alcolici" è ora modificato con le parole "in eccesso".

ANIMALI? O UOMINI?

L'inverno di quell'anno è più rigido del precedente e le razioni continuano a diminuire. Napoleone sviluppa il suo culto della personalità e organizza cerimonie. Proclama una Repubblica e si fa nominare Presidente. Nel frattempo, alcuni animali cominciano a pensare al loro pensionamento. Uno dei cavalli, il Boxer, ben intenzionato ma un po' svampito, è stato ferito durante la battaglia e deve essere portato da un veterinario. Tuttavia, non è un veterinario che viene a prenderlo, ma un macellaio. Benjamin cerca di fermare invano il camion. Per mettere a posto la coscienza degli animali, Squealer modifica ancora una volta la storia e Napoleone organizza un banchetto in onore del fratello caduto.

Gli anni passano e sono ormai pochi gli animali che ricordano ancora i giorni precedenti la rivolta. Molti sono morti, nessuno è andato in pensione. Il mulino è stato finalmente terminato e la fattoria è ora più prospera. Tuttavia, i profitti sono goduti solo dai cani e dai maiali. Un giorno, mentre le pecore cantano un altro slogan, "Quattro zampe bene, due zampe meglio", Napoleone e gli altri maiali escono dalla casa su due zampe. Benjamin legge a Clover l'unico comandamento rimasto sul muro della stalla: "Tutti gli animali sono uguali, ma alcuni animali sono più uguali degli altri". Un po' alla volta, i maiali iniziano a usare i vestiti e gli strumenti lasciati dagli uomini, comprese le fruste. Una sera, durante un banchetto con i contadini vicini, Napoleone dichiara di aver modificato il simbolo e il nome della fattoria. Ora si chiama nuovamente Manor Farm. Osservando la scena dalla finestra, Clover e altri si rendono conto di non riuscire più a distinguere i maiali dagli uomini.

STUDIO DEL CARATTERE

La fattoria degli animali può essere letta come un roman à clef: è una rappresentazione allegorica della storia dell'Unione Sovietica nella prima metà del XX secolo. In questa sede, evidenzieremo alcuni parallelismi tra i personaggi fittizi del romanzo e importanti figure della storia (anche se non si tratta di un elenco esaustivo).

L'UNIONE SOVIETICA

Nel 1917, stanco della povertà sotto il governo dello zar Nicola II (a causa della Prima Guerra Mondiale, dell'arretratezza, della povertà e della carestia), il popolo russo si ribellò e instaurò il primo regime comunista del mondo. Il comunismo è una dottrina politica creata dal socialista rivoluzionario Karl Marx (1818-1883).

È un modello di società fondato sull'abolizione delle classi sociali e della proprietà privata, dove la ricchezza e lo status sono condivisi equamente tra tutti. Dal punto di vista economico, invece di rispondere alla domanda e all'offerta, la produzione (agricola, industriale e così via) è pianificata e controllata dallo Stato, che ha il controllo su praticamente tutto ciò che accade nel Paese.

Sebbene iniziato con nobili intenzioni, il comunismo russo si trasformò rapidamente in un regime totalitario. Dopo una decina d'anni di riforme più o meno riuscite (soprattutto nell'agricoltura e nell'industria), Stalin prese il potere per sé e regnò sul Paese come unico leader. Egli estromise tutti gli oppositori (reali e immaginari) attraverso processi farsa e istituì la propaganda rivoluzionaria, la manipolazione dell'informazione e della storia, il culto della personalità, i gulag (campi di lavoro) e così via.

Dopo la Seconda Guerra Mondiale, l'URSS approfittò della sconfitta tedesca per instaurare regimi comunisti (e dittatoriali) in tutta l'Europa orientale. Nonostante la morte di Stalin nel 1953, questi regimi rimasero in piedi fino al 1989, anno della caduta del Muro di Berlino. Oggi, Cuba, Cina e Corea del Nord sono gli ultimi Paesi ad avere ancora regimi comunisti, che tuttavia sono molto lontani dalla dottrina marxista originale.

GLI UOMINI

Signor Jones

Proprietario e gestore della Manor Farm, il signor Jones sfrutta spesso i suoi animali. Tuttavia, comincia a perdere la motivazione al lavoro, si dà all'alcol e dimentica di nutrire il bestiame. Gli animali si ribellano e lo costringono all'esilio. Potrebbe essere una rappresentazione dello zar Nicola II: trascura il suo popolo ed è incapace di riformare l'Impero russo. Alla fine lo zar dovette affrontare la Rivoluzione di febbraio del 1917 e fu costretto ad abdicare.

Gli agricoltori vicini: Frederick e Pilkington

Frederick, il proprietario della fattoria di Pinchfield, ha un nome che suona tedesco. Si rende conto che il tempo delle maldicenze è passato e stringe segretamente un accordo con i maiali (sulla vendita della legna) prima di tradirli e cercare di invadere la loro fattoria. Frederick richiama quindi alla mente Hitler che, nonostante il patto nazi-sovietico (un accordo di non aggressione tra Hitler e Stalin firmato nel 1939), tentò di conquistare l'Unione Sovietica.

Pilkington, il proprietario della Fattoria Foxwood, viene descritto come un "agricoltore gentiluomo". Sebbene non si fidi della Fattoria degli animali, cerca anche di fare discretamente un accordo con loro. Pilkington potrebbe essere una rappresentazione di Churchill, visto che è a capo di "una fattoria grande, trascurata e antiquata" che ricorda piuttosto l'Impero britannico.

Sebbene Frederick e Pilkington si oppongano entrambi all'Animalismo, sono comunque incapaci di cooperare tra loro, proprio come gli uomini che rappresentano.

I MAIALI

Vecchio Maggiore

Il Vecchio Maggiore è il più illuminato e venerato di tutti gli animali. All'inizio della storia, egli immagina una società più giusta e libera dall'uomo (lo sfruttatore), in cui gli animali (che egli chiama "compagni") sono tutti uguali, si governano da soli e condividono ciò che hanno tra loro. Una lettura allegorica del testo indica che il Vecchio Maggiore rappresenta Marx, la cui filosofia ha influenzato notevolmente il marxismo moderno (in particolare l'idea del proletariato – gli animali – che rovescia la classe dirigente – gli uomini).

Napoleone

Napoleone è un cinghiale del Berkshire determinato, "grande e dall'aspetto piuttosto feroce", e non parla molto. È un maiale autoritario che rovescia rapidamente il regime egualitario instaurato dopo la ribellione e lo sostituisce con una dittatura con l'aiuto del suo esercito di cani. Per molti aspetti (il culto della personalità, il regno del terrore, le purghe politiche, la riscrittura della storia e così via), questo "Padre di tutti gli animali" assomiglia al "Piccolo padre dei popoli": Stalin.

Palla di Neve

Palla di Neve è un maiale "vivace". Preferendo le parole alle armi, cerca di educare gli animali e di organizzare la fattoria. Vuole sinceramente migliorare le condizioni di vita dei suoi amici (ad esempio con il mulino) e combatte coraggiosamente durante la battaglia della stalla. Tenendo conto del suo esilio, della sua condanna a morte, della campagna di diffamazione organizzata contro di lui e della sua volontà di diffondere la rivoluzione in altre fattorie, sembra più simile a Trotsky che a Lenin.

Squealer

Squealer, un "maiale piccolo e grasso", si distingue dagli altri maiali per la sua loquacità (del resto si chiama Squealer) e la sua capacità di persuasione. Piccolo maiale venale, non ci mette molto a passare dalla parte del più forte, quella di Napoleone, di cui diventa rapidamente portavoce. È l'incarnazione degli organi di propaganda sovietica (come il quotidiano *Pravda*), che avevano il compito di riscrivere la storia e promuovere il regime.

I CANI

I nove segugi allevati da Napoleone e poi privilegiati nella fattoria costituiscono le forze dell'ordine. Rappresentano la polizia politica di Stalin.

LE PECORE

Le pecore sono incapaci di pensare con la propria testa e cantano costantemente gli slogan che vengono loro proposti, senza rendersi conto che spesso sono contraddittori o contrari ai loro interessi. Prendiamo ad esempio l'iniziale "Quattro zampe bene, due zampe male", che alla fine si trasforma in "Quattro zampe bene, due zampe meglio", senza che le pecore battano ciglio. Le pecore (che in genere sono viste come animali conformisti) rappresentano le masse indottrinate.

IL CAVALLO BOXER

Come dice il suo nome, Boxer si distingue per la sua forza. Coraggioso, anche se un po' ottuso e ingenuo, il cavallo da tiro dà il massimo nei campi e durante la (ri)costruzione del mulino. I suoi motti sono: "Lavorerò di più!" (dorme meno per poter lavorare più velocemente) e "Napoleone ha sempre ragione" (è incapace di immaginare che il suo capo cerchi di manipolarlo). Boxer rappresenta gli operai produttivi e militanti, devoti al regime e tuttavia sfruttati (in URSS, lo stakhanovismo, dal nome di un minatore particolarmente produttivo che fu glorificato dal regime staliniano, era usato per descrivere questa dottrina di mettere il lavoro al di sopra di tutto).

MOSÈ IL CORVO

Addomesticato dal signor Jones, il corvo Mosè racconta a chiunque lo ascolti che nell'aldilà c'è un posto chiamato Sugarcandy Mountain, un mondo migliore dove tutti vanno dopo la morte. È presente quando gli animali hanno bisogno di credere in qualcosa per andare avanti: all'inizio del racconto, quando muoiono di fame a causa della pigrizia del contadino; e alla fine, quando sono di nuovo infelici, oppressi dai maiali. Nonostante i maiali lo guardino dall'alto in basso, si servono di lui e delle sue storie per tenere gli animali sotto il loro giogo, promettendo loro che se lavoreranno duramente senza lamentarsi, nella prossima vita potranno andare in questo luogo incredibile.

Personaggio che porta conforto agli oppressi e al tempo stesso serve gli interessi di chi è al potere, Mosè il corvo rappresenta il clero della Chiesa ortodossa russa.

ANALISI

UN APOLOGO

Un apologo è un breve racconto allegorico con uno scopo argomentativo o didattico e una morale. *La fattoria degli animali* è innanzitutto un romanzo, ma presenta anche la maggior parte delle caratteristiche di un apologo.

Semplicità

L'apologo è un racconto breve con una trama di facile comprensione, un linguaggio semplice e un numero ridotto di personaggi, spesso stereotipati (gli animali, ad esempio, nel sottogenere della favola).

La fattoria degli animali segue molte delle regole di un apologo:

- è infatti un racconto breve (dieci capitoli e un totale di 116 pagine) ed è scritto in un linguaggio comprensibile a tutti;

- la storia può essere riassunta in poche parole (gli animali prendono il controllo di una fattoria, dove creano una società equa prima che un gruppo di maiali riporti la dittatura);

- i personaggi sono animali che rappresentano le diverse classi sociali (i maiali sono i capi pigri, le pecore incarnano le persone stupide, conformiste e sottomesse, i cavalli da tiro sono laboriosi e docili, e così via).

Un libro con due significati

L'apologo ha la forma di una lunga metafora estesa, poiché i personaggi e le situazioni hanno più significato di quanto non sembri.

La fattoria degli animali rappresenta la società umana, in particolare una specifica società umana in un preciso momento storico: La Russia (e poi l'URSS) nella prima metà del XX secolo. Inoltre, i personaggi sono tutti basati su persone reali. Ad esempio, Napoleone è un maiale dominante che incarna la figura del dittatore, un personaggio simile a Stalin per molti aspetti.

La dimensione argomentativa

Lo schema narrativo di un apologo è impostato in modo da evidenziare un'idea.

La fattoria degli animali ha un messaggio chiaro: la ribellione è fallita e i maiali hanno approfittato della situazione per instaurare lentamente un regime altrettanto cattivo, o addirittura peggiore, di quello del signor Jones. Questa idea viene presentata al lettore in modi diversi:

- La netta opposizione tra i personaggi buoni (i cavalli, l'asino, le galline) e quelli cattivi (i cani, i maiali – con l'eccezione del Vecchio Maggiore e di Palla di Neve – e, in una certa misura, le pecore).

- Il senso di escalation con il passare dei capitoli, con le ingiustizie e gli atti di violenza contro gli oppressi (da parte di Napoleone e dei suoi cani), il disprezzo per la legge, come indicato nel discorso del Vecchio Maggiore, la trasformazione della storia della battaglia della stalla (da parte di Squealer), le crescenti disuguaglianze e l'imitazione degli uomini da parte dei maiali.

- Il narratore onnisciente e fintamente oggettivo (sottolinea discretamente il cinismo di Squealer, per esempio).

- La struttura ciclica del libro. Il capitolo 10 si ricollega chiaramente al capitolo 1. Il narratore valuta la situazione rispetto ai giorni precedenti la rivolta e mostra che poco è cambiato: gli animali sono ancora sfruttati e miserabili; i maiali si comportano come uomini; la fattoria è tornata al suo nome originario; la disuguaglianza è di nuovo il nome del gioco.

Insegnamento o riflessione

Un apologo mira a educare i lettori con una certa morale (esplicita o implicita) o una certa verità (sugli uomini, sulla società o persino sul mondo).

Sebbene La *fattoria degli animali* abbia un lato educativo (al lettore viene mostrato che un'utopia generosa può essere distorta e insidiosamente sostituita da un brutale regime totalitario), la sua morale è piuttosto implicita, o addirittura assente a volte. Infatti, non c'è atteggiamento o atto che possa migliorare la situazione: né l'ottimismo (Boxer, Clover), né il pessimismo (Benjamin), né la fuga (Mollie, Palla di Neve), né la sottomissione (la maggioranza), né la timida rivolta (i "traditori" giustiziati). Rimane solo il fatalismo: l'uguaglianza tra gli animali è un'illusione, perché alcuni saranno sempre "più uguali degli altri".

Le diverse forme di apologo

Un apologo può assumere diverse forme: favola, parabola, utopia, racconto o storia breve. Sebbene *La fattoria degli animali* sia un romanzo, e quindi non rientri nei generi di questo elenco, può essere considerato semplicemente una nuova forma di apologo.

UNA DENUNCIA DEL TOTALITARISMO

Dai paralleli con la storia sovietica...

La fattoria degli animali traccia paralleli con molti eventi importanti della storia russa.

... ad un'analisi complessiva dei meccanismi del potere

Tuttavia, il romanzo non è una semplice copia carbone della storia russa. Diversi elementi contrastanti suggeriscono che questa non è l'unica lettura che possiamo fare del libro (il dittatore si chiama Napoleone, la storia si svolge nella campagna inglese, la rivolta ha luogo in giugno mentre le rivoluzioni russe sono avvenute in febbraio e ottobre 1917, e così via).

Ne *La fattoria degli animali*, l'autore trasmette il suo scetticismo e pessimismo non solo nei confronti del socialismo, che aveva fortemente sostenuto in gioventù (infatti, Orwell fu uno dei primi intellettuali europei a denunciare lo stalinismo in un'epoca in cui le democrazie europee cercavano di non offendere a tutti i costi il dittatore e si rifiutavano di vedere i vizi del regime), ma più in generale nei confronti del potere politico. Come ci viene detto, "la politica per sua natura è inseparabile dalla coercizione e dalla frode" (Angus e Orwell, 1970: 463). Questo è essenziale per comprendere l'eventuale somiglianza dei maiali con gli uomini: alla fine, l'ideologia conta poco, purché si abbia il potere. E il potere va di pari passo con la disuguaglianza, la corruzione e il tradimento degli ideali iniziali.

Dietro una premessa apparentemente innocente (un apologo con animali da fattoria parlanti), Orwell espone, in modo quasi didattico, come una generosa utopia possa portare al peggiore dei regimi politici.

IL LINGUAGGIO COME MEZZO DI OPPRESSIONE

Con *La fattoria degli animali*, Orwell studia quindi i diversi meccanismi che permettono a una minoranza di trasformare la rivoluzione a proprio vantaggio. Uno dei modi in cui i maiali rafforzano la loro presa sugli altri è l'uso del linguaggio per manipolarli.

L'uso del linguaggio per mobilitare gli altri per una causa specifica si nota fin dall'inizio, con il discorso del Vecchio Maggiore, che utilizza diverse tecniche retoriche per convincere il suo pubblico:

• inizia presentandosi come qualcuno di saggio, qualcuno la cui opinione conta, e allo stesso tempo si mette sullo stesso piano degli altri chiamandoli "compagni";

- passa a descrivere con molta insistenza la misera situazione degli animali;

- fa leva sui loro sentimenti sottolineando che le cose non devono rimanere come sono: possono essere migliori;

- incolpa tutti i loro problemi di un unico nemico: l'uomo;

- semplifica al massimo il suo discorso, indicando un solo obiettivo ("Solo liberarsi dell'uomo, e il prodotto del nostro lavoro sarà nostro") e una breve serie di slogan – che diventano i Sette Comandamenti;

- crea un senso di comunità attraverso il canto con *Beasts of England*.

In questo caso, però, la retorica è usata con l'obiettivo di condividere un ideale nobile, senza secondi fini.

In seguito, i maiali sfruttano a loro vantaggio le basi poste dal Vecchio Maggiore e manipolano le informazioni. Attraverso l'uso della propaganda, i leader riescono a far credere alla popolazione che la situazione non può essere cambiata: è così com'è e non può essere migliorata. Gli animali dovrebbero quindi essere contenti della loro sorte ed essere grati ai maiali. Squealer è colui che più di tutti incarna questa propaganda e non esita a utilizzare diverse tecniche per manipolare il cuore e la mente degli animali:

- L'uso della paura fa sì che gli animali assecondino alcuni dei loro dettami (ad esempio, giocano sulla paura del ritorno del signor Jones).

- La diffusione di cifre false fa credere agli animali di essere più nutriti di prima.

- L'estrema semplificazione dei principi da ricordare, come i Sette Comandamenti, a loro volta abbreviati nello slogan "quattro gambe bene, due gambe male".

- L'uso di spiegazioni contorte, con parole troppo complesse per essere comprese dagli animali, permette ai maiali di seminare confusione e di far apparire logico anche il ragionamento più assurdo. Di conseguenza, appare chiaro che i maiali si concedono certi lussi solo per il bene comune. "Quando la cosa fu posta sotto questa luce, essi [gli animali] non ebbero più nulla da dire".

- La graduale riscrittura dei Sette Comandamenti e della massima (che diventa "quattro gambe bene, due gambe meglio") viene utilizzata nell'interesse del gruppo dominante.

- L'attribuzione di diversi titoli onorifici a Napoleone, così come la composizione di poesie e discorsi che ne esaltano la personalità, si suppone abbia creato un vero e proprio culto della personalità incentrato su di lui.

Ovviamente, c'è una chiara critica all'URSS, che molto spesso ha manipolato l'informazione (con la censura, la falsificazione delle prove nei processi-farsa di Stalin, la falsa propaganda, e così via). Inoltre, una delle chiavi di questo processo è la falsificazione della storia (revisionismo): molti comunisti caduti in disgrazia con Stalin sono stati uccisi e letteralmente cancellati dalla memoria collettiva (le foto in cui erano presenti sono state alterate per rimuoverli, ad esempio). Allo stesso modo, i maiali non ci pensano due volte a riscrivere i Sette Comandamenti, anche se dovevano essere immutabili.

L'invito di Orwell a essere vigili contro la capacità della propaganda di entrare nella mente delle persone, anche di quelle istruite, non si limita all'URSS. Il tipo di indottrinamento demagogico di cui si serve Squealer, con i suoi discorsi privi di senso, anche se entusiasmanti, non è limitato ai regimi dittatoriali: le fattorie vicine (che per lo più simboleggiano le democrazie capitaliste) fanno la stessa cosa. Orwell ci mette in guardia contro tutti i modi, spesso insidiosi, in cui l'informazione può essere manipolata per eludere le vere domande e stabilire una certa realtà come se fosse l'unica, immutabile verità.

ULTERIORI RIFLESSIONI

ALCUNE DOMANDE SU CUI RIFLETTERE...

* In che modo *La fattoria degli animali* può essere considerata un apologo?

* Che cosa simboleggia la storia? Sviluppate gli elementi principali che ci permettono di determinarlo.

* Gli animali della fattoria si comportano in modo diverso a seconda della loro specie. A quale tipo di persona o reazione può essere associato ognuno di loro?

* Orwell ci presenta un'analisi estremamente pertinente del comunismo. In che modo questa analisi è ancora valida nei decenni successivi all'uscita del romanzo?

* Il comunismo è l'unica cosa che Orwell cerca di denunciare? Basate la vostra risposta sugli elementi biografici e sugli altri libri dell'autore.

* In che modo il linguaggio può essere descritto come uno degli elementi chiave del romanzo?

* A quali importanti figure della storia si fa riferimento nel romanzo?

* La denuncia del comunismo contenuta nel romanzo è ancora attuale? Giustificate e sviluppate la vostra risposta.

* Confrontate *La fattoria degli animali* con *Candide* di Voltaire. Come si può notare l'influenza dell'Illuminismo nel romanzo?

- Confrontate *La fattoria degli animali* con l'album *Animals* dei Pink Floyd. Quali elementi ci permettono di dire che l'album è un riferimento al romanzo di Orwell? Spiegate come il gruppo è riuscito a fare riferimento a *La fattoria degli animali*.

ULTERIORI LETTURE

EDIZIONE DI RIFERIMENTO

Orwell, G. (1993) *La fattoria degli animali*. Londra: Everyman.

STUDIO DI RIFERIMENTO

Angus, I. e Orwell, S. (1970) *The Collected Essays, Journalism and Letters of George Orwell, vol. IV*. Londra: Secker & Warburg.

ADATTAMENTI

La fattoria degli animali. (1954) [film]. Halas e Batchelor, dir. Regno Unito: Halas and Batchelor.

Animali. (1977) [registrazione sonora]. Eseguito dai Pink Floyd. Londra: Harvest, Columbia.

Vari adattamenti teatrali, in particolare a Parigi e a Londra.

Vogliamo sapere da voi!
Lasciate un commento sulla vostra biblioteca online
e condividete i vostri libri preferiti sui social media!

Perché scegliere Must Read?

Scoprite tutto quello che c'è da sapere su un libro, con i nostri riassunti e le nostre analisi concise e approfondite!

Scoprite il meglio della letteratura sotto una luce completamente nuova!

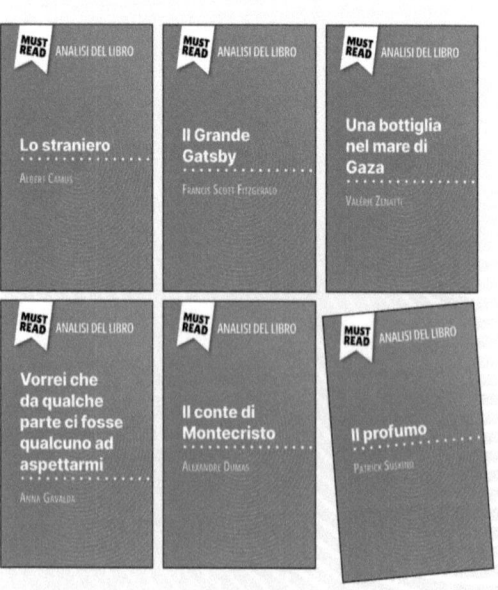

www.50minutes.com

www.50minutes.com

Master ISBN: 9782808690492
ISBN cartaceo: 9782808611893
Deposito legale: D/2023/12603/1469

Copertura: © Primento

Concezione digitale a cura di Primento, il partner digitale degli editori.